Catherine
de Médicis

D1396450

Une publication : TROIS-CONTINENTS.
L'ensemble des documents provient des archives
appartenant à Edita S.A., Office du Livre d'Art, Compagnie du Livre d'Art, (CLA).

ISBN : 2-8264-0183-4
EAN : 9782826401824

Catherine de Médicis

L'enfance

Catherine de Médicis est née à Florence le 13 avril 1519, dans le grand palais familial de la via Larga, et fut baptisée, trois jours plus tard, dans la petite chapelle où se trouve la célèbre fresque, le *Voyage des Mages*, peinte par Benozzo Gozzoli, élève de Fra Angelico, représentant ses illustres ancêtres. Elle était la dernière enfant légitime des Médicis de Cafaggiolo qui avaient gouverné à Florence de 1434 à 1494. Son père, Laurent de Médicis, duc d'Urbino, était le fils aîné de Pierre le Goutteux qui était lui-même le fils aîné de Laurent le Magnifique. Sa mère, Madeleine de La Tour d'Auvergne, appartenait à une vieille famille aristocratique française apparentée aux Bourbons et comptait parmi ses ancêtres Saint Louis et Godefroi de Bouillon. Catherine n'avait que quelques jours lorsque, le 28 avril, elle perdit sa mère, atteinte de fièvre

puerpérale ; son père succomba, le 4 mai, à une phtisie galopante ou à la syphilis ou à un ancien coup d'arquebuse dont il s'était mal remis.

L'orpheline fut alors placée sous la tutelle de sa grand-mère paternelle, Dame Alfonsina Orsini, qui l'emmena à Rome et l'éleva jusqu'à sa mort, en février 1520. Elle fut confiée ensuite à sa grand-tante Lucrèce Salvati et à sa tante Clarice Orsini qui quittèrent Rome, le désordre gagnant alors l'Italie, pour revenir à Florence où elle grandit avec ses cousins Hippolyte et Alexandre, tous deux fils illégitimes, le premier du duc de Nemours, le second du cardinal, Jules de Médicis, futur pape Clément VII.

Lors du siège et du pillage de Rome en 1527 par l'armée luthérienne de Charles Quint, les républicains de Florence se soulevèrent contre les Médicis. Le pape, Clément VII, fut fait prisonnier et enfermé au château Saint-Ange d'où il s'évada quelques jours plus tard. Tandis que ses cousins étaient bannis de la ville, Catherine, pour plus de sûreté, fut alors confiée aux dominicaines de Sainte-Lucie, puis, la peste y faisant rage, au couvent bénédictin des Murate. Elle y resta pendant onze mois et en garda un très bon souvenir ; cinquante ans plus tard, la lettre qu'elle écrivit à l'abbesse pour faire un don important au couvent en témoigne : «*L'enthousiasme infaillible avec lequel vous servez Dieu, l'intégrité et la pureté de la vie que j'ai dans mon enfance maintes fois observées dans votre couvent -où peut-être certaines de celles qui m'ont connue petite fille sont encore en vie- me poussent à vous témoigner ma gratitude pour les saintes prières que vous ne cessez d'offrir pour l'âme du roi mon mari et pour moi-même.*»

Clément VII, ne pensant qu'à se venger, signa un accord secret avec Charles Quint. Les Florentins refusant le retour des Médicis, les troupes du pape et

CI-DESSUS:
*LE CORTÈGE DES
ROIS MAGES*,
DÉTAIL
MONTRANT
LAURENT LE
MAGNIFIQUE,
PAR BENOZZO
GOZZOLI, 1459.
PALAIS MÉDICIS-
RICARDI,
FLORENCE.

de l'empereur vinrent mettre le siège devant la ville en octobre 1529. Les républicains s'en prirent alors à la fillette âgée de dix ans et proposèrent, soit de la livrer à la prostitution, soit de la suspendre nue sur les remparts pour servir de cible à l'ennemi. Finalement, en juillet 1530, on se contenta de la retirer du couvent des Murate pour la remettre dans celui de Sainte-Lucie. Mais elle fit preuve, dans ces circonstances, d'un grand courage : elle se fit raser les cheveux, s'habilla en nonne, dans l'espoir qu'on n'oserait retirer une religieuse de son couvent. Épuisée, la ville de Florence se rendit un mois plus tard, le 12 août 1530. Catherine était sauvée, mais elle n'oublia jamais cette période où elle avait connu les menaces, les insultes et la peur.

En octobre, le pape la ramenait à Rome dans la maison de sa tante Lucrèce Salviati, le palais Médicis, où elle retrouvait ses cousins. L'ambassadeur de Venise,

Suriano, la décrivait ainsi : «*La duchesse est dans sa treizième année ; elle est très vive, montre un caractère affable et des manières distinguées. Elle est petite de stature et maigre ; ses traits ne sont pas fins, et elle a les yeux saillants, comme la plupart des Médicis.*» Un autre portrait, de la même époque, nous est tracé par l'ambassadeur de Milan : «*Je l'ai vue deux fois à cheval, mais pas suffisamment pour en parler longuement. Elle semble grande pour son âge, d'agréable apparence, sans le moindre fard, un peu lourde peut-être et blanche de peau. L'ensemble est d'une fillette qui ne sera pas femme avant un an et demi, je crois. On dit qu'elle a des sentiments élevés, et, pour son âge, beaucoup d'esprit et d'intelligence.*» Durant cette période, Catherine se passionna pour la culture classique, s'initia aux arts et, selon la tradition des Médicis, commença une collection de vases et de pierres précieuses.

Le mariage

Catherine était maintenant en âge de se marier ; elle aurait bien épousé son cousin Hippolyte qu'elle ne laissait pas non plus indifférent, mais Clément VII avait d'autres projets pour chacun d'eux. Depuis 1529, il avait fait d'Hippolyte, le plus intelligent des deux bâtards, un cardinal, dans l'espoir qu'un jour il serait pape, et avait placé Alexandre à la tête du gouvernement de Florence. Il désirait en outre se concilier les bonnes grâces du roi de France, François 1ᵉʳ, qui, de son côté, avait besoin du pape pour lutter contre l'empereur Charles Quint. Aussi, lorsque François 1ᵉʳ proposa un

mariage entre Catherine et son fils cadet, Henri, duc d'Orléans, âgé de treize ans, des pourparlers furent-ils engagés dès 1530 et un contrat fut signé en avril 1531. Outre une dot de 130 000 écus d'or et une véritable fortune en bijoux, le pape donna à sa nièce, et par conséquent à la France, plusieurs places italiennes, Pise, Livourne, Reggio, Modène, et la promesse «*de donner aide et secours au futur époux, pour lui aider à recouvrer l'Etat et duché de Milan, et la seigneurie de Gênes. Donnera aussi Parme et Plaisance...*»

CI-DESSOUS: GALÈRE ITALIENNE AU DÉBUT DU XVIE SIÈCLE.

Le mariage fut célébré, lorsque les deux futurs époux eurent atteint l'âge légal de quatorze ans. Catherine, accompagnée d'un cortège considérable, quitta Florence le 1ᵉʳ septembre 1533 avec une flotte de dix-huit galères ; la galère royale, où elle se trouvait, était entièrement bâchée de pourpre et tapissée de damas cramoisi ; trois cents rameurs, en satin damassé rouge et or, étaient attachés par des chaînes d'argent. Elle retrouva à Villefranche l'escadre du souverain pontife qui comprenait elle aussi dix-huit galères.

Le 11 octobre, au son des cloches et des canons, les vaisseaux arrivèrent à Marseille. Le 28 octobre, lors d'une messe solennelle dans la cathédrale, le pape bénit le mariage de Catherine de Médicis et d'Henri d'Orléans. Les fêtes qui eurent lieu durant ces jours de liesse furent somptueuses et témoignèrent d'un luxe inouï. Lors de la cérémonie, Catherine était couverte de bijoux d'une valeur de 27 000 *scudi* d'or ; elle portait en particulier sept perles exceptionnelles, qu'elle donna plus tard à Marie Stuart, sa belle-fille. Ces pièces font partie aujourd'hui des bijoux de la Couronne anglaise.

PAGE DE DROITE: CATHERINE DE MÉDICIS. CHÂTEAU DE CHAUMONT-SUR-LOIRE.

CI-CONTRE: CATHERINE DE MÉDICIS, ÉPOUSE D'HENRI II.

La jeune épouse

Petite et plutôt maigre, pas très jolie, Catherine manquait de grâce et d'allure. De plus, après toutes les épreuves traversées dès son jeune âge, elle était souvent grave, pensive et triste. Dans la cour de France où François 1er l'avait installée, elle se sentait seule, loin de son pays natal où elle avait laissé tous ses compagnons. Très vite, elle fut en but à de méchantes cabales, car elle était méprisée par la noblesse française hostile qui voyait dans ce mariage une mésalliance. Cependant elle était très appréciée par le roi de France qui lui accorda son amitié ; Brantôme rapporte «*qu'elle était de fort bonne compagnie et gaie humeur, aimant tous honnêtes exercices comme la danse, où elle avait très belle grâce et majesté. Elle aimait la chasse bien fort aussi.*» Elle avait reçu une éducation très soignée ; elle connaissait le latin et le grec, parlait le français, s'intéressait aux sciences naturelles et à la physique, se passionnait pour l'astronomie et surtout l'astrologie. Elle avait également une grande sensibilité artistique, appréciait en particulier la musique et la poésie, le chant et la danse. Elle était de plus très bonne cavalière et aimait participer aux grandes chasses royales, ce qu'appréciait particulièrement le roi. Pour affirmer sa position dans la famille royale, il eût été bon qu'elle devînt mère dès la première année de son mariage. Elle fit tout ce qu'il était possible de faire pour avoir un enfant : elle consulta des médecins, prit toutes sortes de médications, s'adonna même, dit-on, à des pratiques de sorcellerie, s'entoura d'astrologues, dont le plus fameux fut Cosme Ruggieri, qui consulta les astres et ne cessa de lui prédire qu'elle serait reine de France et aurait dix enfants. Ses prédictions se réalisèrent, mais elle dut attendre onze ans la naissance de son premier enfant. Après cette longue période de stérilité, pendant laquelle elle risqua à plusieurs reprises la répudiation, Catherine mit en effet au monde dix enfants, de 1544 à 1556, dont sept survécurent et dont trois devinrent rois de France de son vivant : François II, Charles IX et Henri III. Catherine était certes superstitieuse comme l'étaient les Italiens de la Renaissance, mais on comprend facilement qu'après ces événements elle ne prendra plus aucune décision, n'engagera pas une seule action dans l'avenir sans avoir consulté son astrologue.

CI-CONTRE:
PORTRAIT DE
CATHERINE
DE MÉDICIS.
MUSÉE
DU CHÂTEAU DE
VERSAILLES.

CI-DESSUS:
PORTRAIT DE
JEUNESSE
DE MARGUERITE
D'ANGOULÊME,
SŒUR DE

FRANÇOIS 1ᴱᴿ·
QUI DEVIENDRA
L'AMIE DE
CATHERINE
DE MÉDICIS

CI-DESSUS:
HENRI II ET
CATHERINE DE
MÉDICIS,

PAR UN ANONYME
DU XVIᵉ SIÈCLE.
CHÂTEAU D'ANET.

La reine de France

Le dix août 1536 à Valence, le dauphin François mourut brutalement, à la suite d'une pleurésie ou d'un empoisonnement, comme le crut François 1er qui, sur de simples soupçons, fit condamner à mort son échanson italien, le comte de Montecucculi. Son frère, Henri, devenait donc ainsi le dauphin et montait sur le trône à la mort de son père, neuf ans plus tard, le 31 mars 1547. Catherine était reine de France à 38 ans.

Diane de Poitiers

Depuis 1536, Henri trompait ouvertement sa femme avec Diane de Poitiers, de vingt ans son aînée, la très jolie veuve de Louis de Brézé, Grand Sénéchal de Normandie. Ambitieuse, intelligente, soucieuse d'amasser une grosse fortune, elle joua dans la vie du roi un rôle irremplaçable. Catherine était reine, mais Diane de Poitiers restait la première Dame du royaume et régnait en fait. Cette liaison dura jusqu'à la mort du roi en 1559. Catherine n'eut pas d'autre choix que d'accepter cette situation humiliante mais finit par l'accepter, du moins en apparence. L'ambassadeur vénitien, Contarini, rapporte : «*La reine ne pouvait souffrir, dès le commencement de son règne, un tel amour et une telle faveur de la part du roi pour la duchesse ; mais, depuis, sur les prières instantes du roi, elle s'est résignée, et elle supporte avec patience. La reine fréquente même continuellement la duchesse, qui, de son côté, lui rend les meilleurs offices dans l'esprit du roi, et c'est elle qui l'exhorte à aller dormir avec la reine.*» Bien des années plus tard, elle révélera, dans

une lettre, à sa fille Marguerite, ses véritables sentiments : «*Si je faisais bonne chère* (bon visage) *à Madame de Valentinois* (Diane de Poitiers avait reçu le titre de duchesse de Valentinois en 1548, avec rang de princesse), *c'était le roi* (qui l'exigeait) *et encore je lui faisais toujours connaître que c'était à mon très grand regret ; car jamais femme qui aimait son mari n'aima sa putain, car on ne le peut appeler autrement, encore que le mot soit vilain à dire à nous autres.*»

Henri II avait donc vingt-huit ans quand il succéda à son père. Le renouvellement du personnel royal s'opéra autour de Diane de Poitiers. Profondément catholique et «conseillère du prince», elle s'appuya sur la clientèle des Montmorency et des Guise. Le roi reprit la politique extérieure de son père: il entra en guerre ouverte avec l'Angleterre et récupéra Boulogne

CI-CONTRE:
DIANE DE POITIERS, APPELÉ ÉGALEMENT *INCONNUE AU BAIN*, PAR FRANÇOIS CLOUET. NATIONAL GALLERY, WASHINGTON.

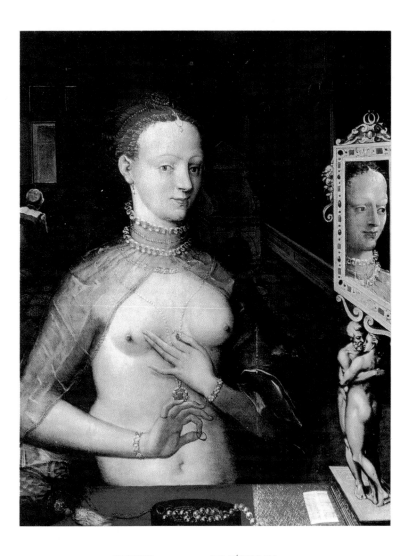

CI-DESSUS:
PORTRAIT
PRÉSUMÉ DE DIANE
DE POITIERS,

PAR L'ÉCOLE DE
FONTAINEBLEAU.
MUSÉE DE BÂLE.

CI-DESSUS:
FRANÇOIS
DE GUISE.
MUSÉE
DU CHÂTEAU
DE VERSAILLES.

CI-CONTRE:
CHARLES QUINT
À CHEVAL,
PAR TITIEN,
1548.
MUSÉE DU PRADO,
MADRID.

moyennant 400 000 écus d'or. Les Guise poussèrent alors le nouveau roi contre l'empereur Charles Quint. Il signa une alliance secrète avec les protestants d'Allemagne et gagna à sa cause Maurice de Saxe, qui commandait une armée de Charles Quint. Il pénétra en Lorraine et s'empara de Metz, Toul et Verdun. L'empereur vint assiéger Metz, mais François de Guise la défendit victorieusement en 1553. Charles Quint continua la lutte trois ans encore, mais sentant la fortune l'abandonner, épuisé, malade, il abdiqua en 1556. La France continua la guerre avec le roi d'Espagne jusqu'au traité de Cateau-Cambrésis, signé en 1559 qui laissait à la France Metz, Toul, Verdun et Calais.

Durant le «règne» de Diane de Poitiers, Catherine ne put décider de rien, même à l'intérieur de sa propre «maison» et dut supporter que l'éducation de ses propres enfants fût confiée à un couple choisi par la favorite, les d'Humières, qui se révélèrent fort heureusement d'ailleurs compétents et dévoués. Quant à la politique, elle ne put guère y participer, car Diane *«éloigne la reine des affaires de son mari»*. Elle réussit cependant à s'immiscer dans les affaires italiennes. Il y avait en France, à cette époque, beaucoup de commerçants, de banquiers, d'artistes, la plupart exilés d'Italie à la suite des guerres civiles, et en particulier beaucoup de Florentins, dont les Strozzi, parents proches de Catherine. Elle s'engagea dans leur cause, dans l'espoir de leur faire rendre ce qui leur appartenait. Elle poussa Henri II à entreprendre une expédition française en Italie qui fut conduite par son cousin Strozzi, mais qui échoua à la bataille de Marciano. Elle continua cependant à soutenir les interventions des armées françaises en Italie jusqu'à la signature du traité de Cateau-Cambrésis.

CI-CONTRE:
DIANE DE
POITIERS PORTANT
LE DEUIL
DE SON MARI,
LOUIS DE BRÉZÉ,
MORT EN 1531,
PAR FRANÇOIS
CLOUET,
VERS 1550.

CI-DESSUS:
FONDERIE DE
CANON,
AU XVIE SIÈCLE,
POUR RÉPONDRE
AU BESOIN
D'ARMES LOURDES
NÉCESSAIRES
AUX NOMBREUX
CONFLITS DE
L'ÉPOQUE.

PAGES SUIVANTES:
ENTRÉE D'HENRI II
À ROUEN,
LE 1ER OCTOBRE
1550,
MINIATURE DU
XVIE SIÈCLE.
BIBLIOTHÈQUE
MUNICIPALE,
ROUEN.

CI-DESSUS: DE CATEAU-
HENRI II ET CAMBRÉSIS
PHILIPPE LE 3 AVRIL 1559.
D'ESPAGNE ARCHIVES D'ETAT,
SIGNANT LA PAIX SIENNE.

La mort tragique d'Henri II

Lors de la signature de ce traité, Henri II s'était engagé à marier sa fille Elisabeth au roi d'Espagne Philippe II et sa sœur Marguerite au duc Philibert-Emmanuel de Savoie. A l'occasion de ce double mariage, de grandes et brillantes fêtes furent données

CI-CONTRE:
PORTRAIT
D'HENRI II,
ROI DE FRANCE.
MUSÉE
CROZATIER,
LE PUY-EN-VELAIS.

à la cour de France et, selon la mode du temps, elles se terminèrent par un tournoi, auquel prirent part les princes et les plus hauts seigneurs. Le roi lui-même, qui passait à juste titre pour être un des plus adroits cavaliers du royaume, fut, comme on disait alors un des «tenants» du tournoi. Une lice avait été établie au bout de la rue Saint-Antoine, devant l'hôtel des Tournelles, qui était alors la résidence du roi à Paris, depuis que la cour, au siècle passé, avait abandonné le vieil hôtel Saint-Pol. Après plusieurs courses brillantes et comme le tournoi finissait, Henri II voulut rompre une dernière lance avant de s'en aller et invita son capitaine des gardes, le comte de Montgomery à courir contre lui. Les deux cavaliers rompirent fort adroitement leurs lances l'une contre l'autre, mais Montgomery n'abaissa pas assez vite le tronçon de lance demeuré dans sa main qui heurta, sans le vouloir, le casque du roi, releva la visière et lui fit pénétrer profondément dans l'œil un éclat de bois. Le roi tomba sur la selle de son cheval. On le ramena à l'hôtel des Tournelles, au milieu d'une terreur et d'une confusion indescriptibles. Il mourut le 10 juillet 1559 dans des souffrances horribles, après une agonie de onze jours.

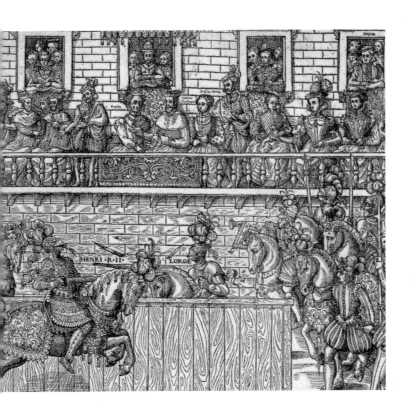

HENRI·R·II   LORGE

CI-DESSUS:
LE TOURNOI OÙ LE
ROI HENRI II FUT
BLESSÉ À MORT,
GRAVURE,
1559.
BIBLIOTHÈQUE
NATIONALE,
PARIS.

PAGE DE GAUCHE:
TOURNOI.

CI-DESSUS:
LE TOURNOI
OPPOSANT
HENRI II ET
MONTGOMERY.

La mort d'Henri II modéra l'ardeur que les princes et les nobles avaient jusqu'alors témoignée pour les tournois. Un an après, Henri de Bourbon, en fut aussi la victime. Les tournois cessèrent alors définitivement en France.

Le chagrin de Catherine fut, semble-t-il, sincère et profond. Elle afficha ostensiblement son deuil en s'enveloppant de voiles noirs qu'elle ne quitta plus. Elle fit restituer à Diane de Poitiers les bijoux de la Couronne qu'elle possédait, lui laissa le château d'Anet construit

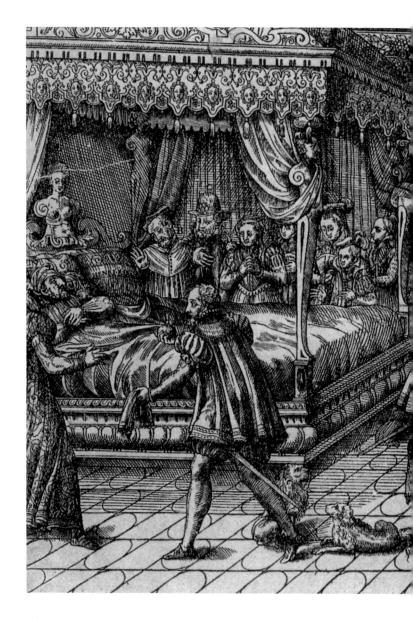

par Philibert Delorme, mais reprit Chenonceau qu'elle échangea contre Chaumont-sur-Loire. Diane, exilée de la cour, se retira à Anet où elle mourut sept ans plus tard, en 1566. Catherine quitta enfin l'hôtel des Tournelles pour suivre au Louvre le dauphin François, âgé de quinze ans et marié depuis quinze mois à Marie Stuart, reine d'Ecosse, qui devenait reine de France à son tour.

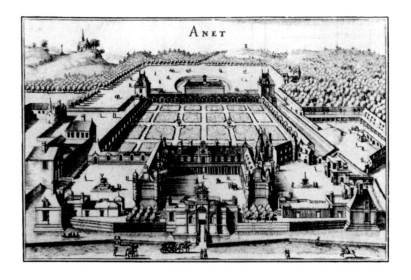

ANET

46

Le règne de François II

Le protestantisme avait fait en France des progrès immenses depuis l'avènement d'Henri II. Après la publication de l'Institution chrétienne par Calvin en 1536, les groupes réformés s'étaient multipliés, en particulier dans la région parisienne, les régions de la Loire, l'Ouest et le Sud-Ouest, Lyon et les villes du Bas-Rhône. Pendant les dernières années de son règne, le roi se consacra entièrement à l'extermination des hérétiques. En 1555, le cardinal de Lorraine avait obtenu un édit qui enjoignait de punir, sans examen et sans appel, tout hérétique condamné par les juges de l'Eglise. La chasse aux huguenots, nom que l'on donnait pour des raisons obscures aux protestants français, était commencée.

PAGE PRÉCÉDENTE: FAÇADE OUEST DE LA COUR CARRÉE DU LOUVRE, MILIEU DU XVIᴱ SIÈCLE, PAR PIERRE LESCOT ET JEAN GOUJON.

PAGE DE GAUCHE: PORTRAIT DE FRANÇOIS II.

CI-CONTRE: GRAVURE REPRÉSENTANT LE CARDINAL DE LORRAINE, DÉTAIL.

CI-DESSUS:
LE TEMPLE DE
LYON, NOMMÉ
« PARADIS «,
PEINTURE
ANONYME,
1564.
BIBLIOTHÈQUE,
GENÈVE.

CI-DESSUS:
GRAVURE
REPRÉSENTANT
LA BIBLE ET LES
SYMBOLES DES
« PAPISTES «.
BIBLIOTHÈQUE
NATIONALE,
PARIS.

CI-CONTRE:
JEAN CALVIN,
ANONYME DU
XVIᴱ SIÈCLE.
BIBLIOTHÈQUE,
GENÈVE.

François II, proclamé roi le jour de ses seize ans, se laissa dominer par les Guise, François de Lorraine, héros de Metz et de Calais, Charles, cardinal de Lorraine, alliés à son épouse, la très catholique Marie Stuart. En face du roi, les protestants étaient seuls, ou presque. Antoine de Bourbon, roi de Navarre, influençable et inconstant, mais énergiquement secondé par sa femme, Jeanne d'Albret, et son frère Louis de Condé, brave et belliqueux, encourageaient l'opposition contre les Guise. Catherine, bien que bonne catholique, n'était pas vraiment hostile à la religion réformée et était plutôt favorable à une politique de tolérance et même de rapprochement avec les protestants, mais elle laissa se poursuivre les persécutions décrétées contre les hérétiques, en tentant toutefois d'en protéger quelques-uns. Elle ne fit rien cependant pour sauver du bûcher le magistrat Anne Du Bourg, condamné par Henri II et exécuté au début du règne de son fils.

PAGE DE DROITE, DE HAUT EN BAS: CHARLES, CARDINAL DE LORRAINE, DESSIN ANONYME. BIBLIOTHÈQUE NATIONALE, PARIS.

JEANNE D'ALBRET ET ANTOINE DE BOURBON, PARENTS DE HENRI DE BOURBON, LE FUTUR HENRI IV.

CI-CONTRE: FRANÇOIS 1ER DE LORRAINE, DEUXIÈME DUC DE GUISE. MUSÉE CONDÉ, CHANTILLY.

ANNE
DU BOV
R

PAGE DE DROITE:
LOUIS DE
BOURBON, PRINCE
DE CONDÉ.
MUSÉE CONDÉ,
CHANTILLY.

CI-CONTRE:
EXÉCUTION
D'ANNE DU
BOURG,
CONSEILLER AU
PARLEMENT,
LE 23 DÉCEMBRE
1559.
BIBLIOTHÈQUE
NATIONALE,
PARIS.

La conjuration d'Amboise

L'événement important du règne de François II, qui ne dura qu'une année, fut la conjuration d'Amboise. Louis de Bourbon, prince de Condé, était le chef des protestants et, à son instigation, un gentilhomme du Périgord, Georges Barré de La Renaudie, entreprit de confédérer tous les mécontents. Un complot avait été décidé ; il avait pour but d'enlever le jeune roi pour le remettre aux mains du régent Antoine de Navarre et de tuer le cardinal et le duc de Guise. Mais la conspiration fut découverte par la trahison de Pierre des Avenelles, avocat de Paris, au moment où les conjurés marchaient sur Amboise où se trouvait la cour. Surpris à l'improviste, La Renaudie se défendit jusqu'à la mort et son cadavre fut pendu sur le pont. Les autres conjurés furent arrêtés et la plupart d'entre eux furent torturés, suppliciés et exécutés devant les fenêtres du château,

PAGES SUIVANTES: L'INTÉRIEUR DU CHÂTEAU D'AMBOISE, LA CHEMINÉE DE LA SALLE DES ETATS. INTÉRIEUR DE LA TOUR DES MINIMES.

53

derrière lesquelles la cour assistait au spectacle. La répression fut si féroce qu'elle souleva même l'indignation des catholiques. Les Guise ne purent rien prouver contre Louis de Condé et durent le laisser partir, libre.

Catherine se posa en médiatrice entre les deux partis et, par son attitude conciliante, se rendit suspecte aux Guise et à Marie Stuart. Tandis que les positions des uns et des autres se durcissaient et que les tensions montaient, le roi tomba gravement malade. François II était de santé très fragile ; il était atteint d'une grave affection des oreilles d'origine tuberculeuse et son corps se couvrait périodiquement de taches rouges et de boutons, sans doute d'une sorte d'eczéma. Le 17 novembre, un abcès à l'oreille gauche apparut, puis gonfla et envahit le cerveau ; il mourut le 5 décembre, à un mois de ses dix-sept ans. Quelques mois plus tard, Marie Stuart quittait la France pour regagner son royaume, l'Ecosse, qu'elle allait tenter de reconquérir.

Romandie

PAGE DE GAUCHE
ET CI-DESSUS:
L'EXÉCUTION DES
CONJURÉS
D'AMBOISE.

PAGE DE DROITE:
HENRI 1ER DE
LORRAINE,
DUC DE GUISE,
DIT LE BALAFRÉ,
GRAVURE DE JEAN
LE BLOND.
BIBLIOTHÈQUE
NATIONALE, PARIS.

CI-CONTRE:
PORTRAIT DE
MARIE STUART.

PAGES SUIVANTES:
LE CHÂTEAU DE
CHAMBORD,
1519-1539.
HENRI II
EN CONTINUE
LA CONSTRUCTION
ET FRANÇOIS II ET
CHARLES IX
Y VIENDRONT
SOUVENT,
AU CONTRAIRE DE
HENRI III.

L'exercice du pouvoir

La Régence

Le second fils de Catherine, Charles, n'avait que dix ans. Habilement elle se fit nommer régente à la place d'Antoine de Navarre, premier prince du sang, à qui elle promit en échange la lieutenance générale du royaume et la grâce de son frère, le prince de Condé, qui entre-temps avait été convaincu par les Guise de menées subversives, incarcéré, hâtivement jugé et condamné à mort. Catherine, la reine mère, restait seule maîtresse du royaume de France.

A la mort de François II, la confrontation armée entre l'ancienne Eglise et ses partisans d'un côté et la nouvelle alliance protestante de l'autre semblait inévitable. Mais la guerre n'éclata pas grâce à l'habileté de la reine mère qui amorça immédiatement une politique de conciliation. Le 28 janvier 1561, elle envoya aux Parlements des lettres closes ordonnant de surseoir aux poursuites judiciaires et de libérer les détenus pour cause de religion ; le 13 mars, elle fit amnistier Condé ; le 24, elle tint sa promesse envers Antoine de Bourbon qui se vit accorder le titre et les pouvoirs de lieutenant général du royaume. En outre, elle prit comme plus proche collaborateur Michel de l'Hospital, à qui elle conféra la charge de chancelier.

PAGE DE GAUCHE ET CI-CONTRE: PORTRAIT DE CATHERINE DE MÉDICIS.

Michel de l'Hospital

Michel de l'Hospital, né en 1504, fut d'abord conseiller au Parlement de Paris. Il alla vivre quelque temps à la cour de Nérac, où Marguerite de Valois, reine de Navarre, le nomma président de son conseil et chancelier de Berry. Sous Henri II, il devint surintendant des Finances et président de la Chambre des Comptes. Bien que tolérant, il représentait l'homme de son siècle et ne pouvait envisager la coexistence de plus d'une religion dans le même royaume. Il disait : «*Il serait folie d'attendre paix et amour de deux personnes de religion différente, car ne voyons-nous pas aujourd'hui qu'un Français et un Anglais de la même foi ont davantage en commun que deux citoyens de la même ville et sujets du même seigneur mais de religion différente?*» Pour lui, l'ancienne formule «une seule foi, une seule loi, un seul roi « était évidente. Cependant il considérait que les seules armes à employer étaient l'amour fraternel, le bon exemple et qu'il fallait écarter «*ces termes diaboliques... luthérien, huguenot et papiste, et ne conserver que le mot chrétien*».

CI-CONTRE:
LE CHANCELIER
MICHEL DE
L'HOSPITAL,
GRAVURE
PAR
JEAN LE BLOND,
1585.
BIBLIOTHÈQUE
NATIONALE,
PARIS.

Le colloque de Poissy

En fait, durant toute l'année 1561, le protestantisme connut en France une formidable expansion qui mit en évidence l'antagonisme qui régnait entre les deux clans. Dans le Sud en particulier, les protestants s'emparaient des églises et chassaient les catholiques. Face à ces excès difficilement réprimés, la régente eut l'idée de rassembler les représentants des deux Eglises pour tenter de trouver un accord. Ce colloque eut lieu à Poissy à partir du 9 septembre 1561, mais n'aboutit pas et eut au contraire pour résultat de séparer davantage les partis. Cependant les ministres des églises réformées bénéficièrent désormais d'une reconnaissance officielle. Coligny, amiral de France, qui s'était rallié à la Réforme vers 1558, entra au Conseil privé. L'édit de 1562 accordait aux protestants la liberté du culte hors des villes closes et permettait, à

l'intérieur de celles-ci, de tenir des assemblées dans des maisons privées. Les huguenots étaient désormais puissants et cherchaient des chefs, comme le prince de Condé, pour se défendre par la force des armes, si cela se révélait nécessaire.

Le massacre de Wassy

Le 1er mars 1562, le massacre de Wassy mit le feu aux poudres et marqua le début de la première guerre de religion. Rentrant de Joinville à Paris, le duc de Guise s'arrêta dans le village de Wassy (aujourd'hui

CI-DESSOUS: LE COLLOQUE DE POISSY RÉUNI PAR CATHERINE DE MÉDICIS EN 1561.

CI-CONTRE:
L'AMIRAL DE
COLIGNY.

CI-CONTRE,
EN BAS, ET PAGES
SUIVANTES:
LE MASSACRE DE
WASSY,
LE 1ER MARS 1562.

Wassy-sur-Marne). Les protestants y célébraient illégalement un service religieux. Les compagnons d'armes du duc donnèrent l'assaut à l'assemblée épouvantée. Le massacre fit vingt-trois morts et une centaine de blessés parmi les protestants. Aussitôt Condé quitta Paris, fidèle aux Guise, pour Orléans, place forte de la Réforme avec Coligny. Les deux armées se rencontrèrent à plusieurs reprises et l'affrontement se termina par une victoire marginale des catholiques. Mais les chefs des deux partis, Condé et Montmorency, furent faits prisonniers et le maréchal de Saint-André, fervent catholique, fut tué lors de la bataille qui se déroula à Dreux. L'amiral de Coligny et le duc de Guise continuèrent à s'affronter devant Orléans, mais ce dernier fut assassiné par Poltrot de Méré. La balance penchait cette fois du côté des

protestants. Catherine de Médicis en profita pour proclamer l'édit d'Amboise le 19 mars 1653 : cet édit accordait à la plupart des nobles la liberté de culte dans la limite de leur domaine, mais cette liberté était refusée aux gens du peuple à qui l'on concéda seulement une ville par bailliage ; Paris restait exclusivement catholique. Cette discrimination se révélait désastreuse pour la religion réformée. Condé, prisonnier, avait dû accepter ces limitations pour survivre, ce qui fit dire à Calvin qu'il avait «*trahi Dieu par sa vanité et son désir de recouvrer la liberté*».

Le 17 août 1563, la majorité de Charles IX était solennellement proclamée à Rouen. La régence de Catherine de Médicis était terminée, mais la reine mère continuera en fait à exercer le pouvoir auprès de ses fils, Charles IX et Henri III.

Le règne de Charles IX

La paix étant temporairement rétablie dans le pays, Catherine décida d'entreprendre sur deux ans un voyage à travers son royaume avec le jeune roi et la cour, voyage à la fois de pacification, de reconnaissance et d'instruction pour son fils. Après des fêtes magnifiques qu'elle donna à Fontainebleau, elle quitta le château le 13 mars 1564 avec une suite de mille personnes, accompagné de Condé suivi de sa propre Maison. Le cortège royal effectua un grand circuit en passant par le sud de la France ; il s'arrêta à Dijon, à Lyon, à Marseille, à Montpellier et à Toulouse, pour aboutir en mai 1565 à Bayonne, où du 14 juin au 2 juillet Catherine rencontra sa fille Elisabeth de Valois, épouse de Philippe II, et le principal conseiller de celui-ci, le duc d'Albe. Cette fameuse entrevue de Bayonne fit longtemps soupçonner la reine d'avoir comploté avec le duc le massacre de la Saint-Barthélemy (qui ne devait

PAGE DE DROITE : LE ROI CHARLES IX, PAR FRANÇOIS CLOUET. MUSÉE DU LOUVRE, PARIS.

CI-DESSOUS : LA SALLE DE BAL DU CHÂTEAU DE FONTAINEBLEAU, CONSTRUITE PAR GILLES LEBRETON ET PHILIBERT DELORME, DÉCORÉE PAR PRIMATICE.

CI-CONTRE:
EXTÉRIEUR
DU CHÂTEAU DE
FONTAINEBLEAU.

75

CI-CONTRE:
LA GALERIE
FRANÇOIS 1ER
DU CHÂTEAU DE
FONTAINEBLEAU,
1531-1541.

avoir lieu qu'en 1572). En fait, il est à peu près certain qu'aucun accord de ce genre ne fut conclu, mais la suspicion des huguenots était d'autant plus éveillée qu'ils étaient alarmés par la politique du roi d'Espagne envers les Pays-Bas révoltés.

CI-CONTRE:
LE ROI PHILIPPE II
D'ESPAGNE,
PAR TITIEN.

CI-DESSOUS:
LE PORT D'ANVERS
AU XVIᴱ SIÈCLE.

79

Le traité de Longjumeau

En septembre 1567, Condé fut le responsable d'une nouvelle rupture. Il décida de s'assurer de la personne de la reine mère et de celle du roi. La cour se trouvait alors à Meaux, à treize lieues à l'est de Paris. Les huguenots commencèrent à s'y rassembler. Catherine de Médicis constitua immédiatement une escorte de six mille Suisses et décida de gagner Paris où elle serait en sécurité. Un groupe de six cents cavaliers protestants, conduits par Condé, intercepta le convoi royal, mais ils ne purent lutter contre les gardes armés de redoutables piques. Ainsi le coup de main échoua et le convoi royal put regagner Paris sans encombre. Condé tenta alors de mettre le siège devant la capitale. Les catholiques lui livrèrent bataille le 10 novembre 1567 et débloquèrent Paris. Le duc de Montmorency y fut mortellement blessé et mourut deux jours plus tard. Le duc d'Anjou, frère du roi, prit alors le commandement des forces catholiques, tandis qu'une armée allemande venait secourir Condé et l'amiral de Coligny. Mais les deux camps étaient tellement épuisés qu'ils acceptèrent de conclure le traité de Longjumeau en février 1568. La paix fut signée le 23 mars et l'édit d'Amboise fut rétabli sans limites ni restrictions. Catherine ne pouvait que constater l'échec de la politique de modération qu'elle avait tenté jusqu'alors de mener ; elle en rendit responsable le chancelier Michel de L'Hospital et le renvoya.

PAGE DE GAUCHE :
LE CHÂTEAU DE
FONTAINEBLEAU,
CARTOUCHE
DE LA GALERIE
FRANÇOIS 1ER.
CHÂTEAU DE
FONTAINEBLEAU.

CI-CONTRE :
MICHEL
DE L'HOSPITAL.

La paix de Saint-Germain

A partir de 1568, la France étant plus ou moins en état de guerre civile permanente, les catholiques, bien supérieurs en nombre mais mal organisés, commencèrent à former dans tout le pays des ligues locales et régionales. Prudents, Condé et Coligny, se replièrent, avec leurs familles, à La Rochelle, bastion du protestantisme à l'ouest du royaume. De nouvelles campagnes militaires eurent lieu de 1569 à 1570. Le 13 mars 1569, Henri d'Anjou, à la tête des forces royales,

remporta la bataille de Jarnac, où Condé trouva la mort, tué par le capitaine des gardes, Montesquiou. Coligny prit alors le commandement des troupes huguenotes, repoussa les troupes royales vers le nord, mais, en octobre 1569, il fut battu à son tour à Moncontour. Les catholiques reprirent du terrain et furent à nouveau arrêtés avant d'atteindre La Rochelle. Aucun des deux camps n'arrivant à prendre vraiment l'avantage, des négociations furent ouvertes et la paix de Saint-Germain fut conclue le 8 août 1570. Elle consentait aux protestants des concessions importantes ; elle leur accordait la liberté de conscience et la liberté de culte dans presque tout le royaume, mais surtout elle leur octroyait, pour deux ans, quatre places de sûreté, La Rochelle, Montauban, La Charité et Cognac. La reine mère tentait une nouvelle fois une politique de réconciliation. Elle décida même alors de marier sa fille Marguerite de Valois, la célèbre Reine Margot, au prince Henri de Bourbon, le futur Henri IV, fils de la reine de Navarre, Jeanne d'Albret, une protestante irréductible.

Le massacre de la Saint-Barthélemy

En septembre 1571, Jeanne et son fils arrivèrent à la cour installée à Blois, accompagnés de l'amiral de Coligny. Revenu à la cour, ce dernier fut traité avec les plus grands honneurs ; il chercha à s'attirer la confiance de Charles IX, alors âgé de vingt ans, et devint très vite son conseiller le plus écouté. Il l'engagea vers une alliance avec le prince d'Orange contre Philippe II, en lutte contre les Pays-Bas, pour conquérir les provinces d'Artois et de Flandre. Les plans de Coligny se

PAGES PRÉCÉDENTES, DE GAUCHE À DROITE : PORTRAIT D'HENRI DE NAVARRE ET DE MARGUERITE DE VALOIS, MINIATURE DU LIVRE D'HEURES DE CATHERINE DE MÉDICIS. BIBLIOTHÈQUE NATIONALE, PARIS.

HENRI DE NAVARRE À TROIS ANS, PEINTURE DE L'ECOLE FRANÇAISE DU XVIIᵉ SIÈCLE. CHÂTEAU DE PAU.

MARGUERITE DE VALOIS, ENFANT, PAR FRANÇOIS CLOUET. MUSÉE CONDÉ, CHANTILLY.

CI-CONTRE : LA REINE JEANNE DE NAVARRE, PEINTURE DU XVIᵉ SIÈCLE. MUSÉE DU CHÂTEAU DE VERSAILLES.

heurtèrent à l'opposition des catholiques et de la reine mère, qui, voyant les hésitations de son fils et effrayée par l'ascendant qu'exerçait sur lui le chef du parti protestant, décida qu'il fallait éliminer Coligny très vite, avant qu'il n'ait eu le temps de créer un véritable conflit entre la France et l'Espagne. Aussi approuva-t-elle les Guise qui engagèrent un homme de main pour le supprimer.

Le 22 août 1572, Coligny fut blessé d'un coup d'arquebuse, alors qu'il se rendait au Louvre, et ramené

chez lui. Le tireur, le catholique Maureval, réussit à
s'enfuir, mais des témoins l'avaient vu tirer d'une
maison qui appartenait aux Guise. Les protestants
entrèrent dans une grande fureur ; la reine mère,
accompagnée du roi, dut se rendre au chevet de Coligny
pour tenter de calmer les esprits. Le bruit courait que
les huguenots allaient attaquer le Louvre. Dans cette
extrémité, le jeune duc d'Anjou et son entourage
suggérèrent qu'il fallait frapper les premiers ; Catherine,
puis Charles IX, finirent par consentir au massacre. Les
portes de la ville furent fermées, les bateaux rassemblés

et enchaînés sur la Seine, pour que personne ne pût s'échapper ; enfin chaque maison catholique devait mettre une chandelle à la fenêtre. Dans la nuit du 23 au 24 août, le signal de la tuerie fut donné par le tocsin de Saint-Germain-l'Auxerrois. Des groupes d'exécuteurs avaient été désignés pour supprimer les nobles protestants jusque dans le Louvre, où ils étaient venus assister aux noces de Marguerite de Valois et Henri de Navarre le 18 août. Les Guise se chargèrent eux-mêmes de Coligny, qui fut tué dans son lit, jeté par la fenêtre, puis pendu au gibet de Montfaucon. La foule parisienne,

PAGE DE GAUCHE:
LES FRÈRES
COLIGNY.
DE GAUCHE À
DROITE,
ODET DE
CHÂTILLON,
ARCHEVÊQUE
DE TOULOUSE,
GASPARD, COMTE
DE COLIGNY,
FRANÇOIS, SIEUR
D'ANDELOT.
MUSÉE CONDÉ,
CHANTILLY.

CI-CONTRE:
L'ASSASSINAT
DE COLIGNY,
GRAVURE
DU XVIᴱ SIÈCLE.

surexcitée et fanatisée, se déchaîna dans les rues et massacra tous ceux qui ne pouvaient pas prouver leur appartenance à la religion catholique. Les malheureux, surpris dans leur sommeil, s'enfuyaient à demi vêtus, étaient poursuivis à la lueur des torches et mis à mort sans merci. Les tueries et les pillages durèrent jusqu'au mardi 26 août au lever du jour : on comptait plus de trois mille cadavres et d'innombrables demeures dévastées. Le massacre gagna les provinces, en particulier Lyon et Orléans, villes où le protestantisme était répandu, et se poursuivit jusque dans les premiers jours d'octobre. Le nombre total des victimes fut probablement de 20 000 à 30 000 personnes. Catherine avait réussi cependant à exclure du massacre son gendre, Henri de Navarre.

PAGE DE DROITE: L'AMIRAL DE COLIGNY. MUSÉE CONDÉ, CHANTILLY.

CI-DESSOUS: *LE MASSACRE DE LA SAINT-BARTHÉLEMY,* PAR FRANÇOIS DUBOIS, DÉTAIL. MUSÉE DES BEAUX-ARTS, LAUSANNE.

La nouvelle de la Saint-Barthélemy réjouit sans réserve le pape et le roi d'Espagne, Philippe II, et ne souleva aucune réprobation dans l'Europe de l'époque, qui était habituée à ce genre de massacre. Seuls, les souverains des pays protestants furent indignés. Catherine, pour sa part, déclara avec une grande dignité: *«Je désire vous aviser que je n'ai rien fait, rien conseillé ni rien permis que n'aient commandé l'amour de Dieu, mon devoir et l'amour que j'ai de mes enfants, depuis que l'amiral, dès la mort du roi Henri II mon mari, a commencé de montrer par ses actions qu'il recherchait le renversement de l'Etat. Le roi mon fils a fait ce que demandait sa dignité et, l'amiral étant si fort et tout-puissant dans ce royaume, il ne pouvait être puni de sa rébellion par aucun autre moyen que celui que nous*

avons été contraints de prendre contre lui personnellement, et contre ceux qui étaient de ses partisans. Et nous regrettons profondément que, dans la confusion, d'autres personnes de cette religion aient été tuées par les catholiques, qui souffraient des innombrables afflictions, pillages, meurtres et autres maux qui leur avaient été infligés.»

Les conséquences de la Saint-Barthélemy ne se firent pas attendre. Remises de leur frayeur, les citadelles du protestantisme, Montpellier, Nîmes, La Rochelle, Sancerre, renforcèrent leurs fortifications. Les Rochelais allèrent même jusqu'à refuser de recevoir le gouverneur La Noue qu'ils considéraient comme un traître et refusèrent tout autant de discuter avec le roi sous le prétexte qu'il est *«impie de s'entendre avec des assassins»*. Charles IX et Catherine décidèrent alors de mettre le siège devant la ville et envoyèrent en février 1573 une importante armée sous le commandement du

duc d'Anjou. Mais les royalistes étaient divisés, aussi le siège fut-il levé quatre mois plus tard. Beaucoup, pensant qu'il fallait placer l'unité nationale au-dessus des conflits religieux, formèrent le parti des «politiques». Les protestants trouvèrent des alliés dans la famille royale. Le duc d'Alençon, quatrième fils de Catherine, détestait son frère et prit la tête du parti des «malcontents» et se rapprocha des huguenots. Il fomenta même un complot qui échoua et les maréchaux de Montmorency et de Cossé furent arrêtés. Dans le Languedoc, le gouverneur Damville chargé de réduire la place forte de Montauban trahit et finit par conclure une trêve avec les huguenots. On assista alors à de nombreuses alliances entre catholiques et protestants modérés. Mais Catherine de Médicis n'était plus à la conciliation et elle poussa le nouveau roi, Henri III à attaquer les huguenots. Pendant dix ans, jusqu'en 1584, les guerres reprirent.

PAGE DE DROITE: L'ASSASSINAT DE BRIOU, GOUVERNEUR DU PRINCE DE CONTI, DURANT LA SAINT-BARTHÉLEMY, PAR ROBERT-FLEURY.

CI-DESSOUS: MASSACRE DURANT LES GUERRES DE RELIGION, GRAVURE DU XVIIIᵉ SIÈCLE. BIBLIOTHÈQUE NATIONALE, PARIS.

La mort du roi

Après la Saint-Barthélemy, l'état de santé de Charles IX ne fit qu'empirer et son caractère, qui avait toujours été sombre s'aigrit encore. Le roi était «*pulmonique*», c'est-à-dire tuberculeux ; le souffle court, miné par une fièvre sournoise, il toussait beaucoup et crachait parfois du sang. Il est probable, étant donné l'affection qu'il portait à Coligny, qu'il éprouva des regrets, voire des remords.

Pendant les deux ans qui lui restaient à vivre, il apparut le plus souvent comme à demi fou, en proie, dit-on, aux cauchemars les plus sanglants. Simone Bertière raconte: «*Ses dernières semaines furent atroces... Dans son visage plombé, les joues se creusaient, profondes. Il était si décharné qu'il ne tenait plus sur ses jambes. Il respirait avec peine, cherchait son souffle, étouffait. Mais surtout des hémorragies cutanées, d'origine tuberculeuse, transformaient son corps en une vaste plaie sanguinolente. Ses draps, à peine changés, se retrouvaient aussitôt rouges et humides de sang.*»

Avant de mourir, il désigna comme successeur son frère Henri, qui avait obtenu la couronne élective de Pologne en 1573, et nomma sa mère régente en attendant que le nouveau roi rentrât en France. Epuisé, Charles IX mourut le 30 mai 1574, à l'âge de vingt-quatre ans.

Le règne d'Henri III

Le roi

Henri III était le fils préféré de Catherine qui voulait en faire le type accompli du souverain de la Renaissance. Il était certes doué de brillantes qualités, intelligent et distingué, mais n'avait guère de caractère. Sa santé était également très précaire ; «*il souffrait*, rapporte Simone Bertière, *de fièvres, d'atroces maux de tête, de troubles intestinaux, d'éruptions cutanées, d'œdèmes, d'hémorroïdes, de goutte, d'ostéite,*

d'ulcères... Il répugne aux exercices violent comme la chasse et la guerre tout simplement parce qu'il n'a pas les ressources physiques nécessaires.» Il était extrêmement coquet, prenait grand soin de sa personne et se couvrait de parfums, de bijoux, de parures les plus excentriques. Il aimait avoir à ses côtés des favoris, les «mignons», qu'il entourait d'une grande affection et comblait de faveurs. Il les choisissait pour leur beauté, leur témérité et leur habileté à l'épée. Un chroniqueur rapporte : *«Ces beaux mignons portaient les cheveux longuets, frisés et refrisés, remontant par dessus leurs petits bonnets de velours, comme font les femmes, et leurs fraises de chemises de toile d'atour empesées, et longues de demi-pied : de façon que voir leur tête dessus leur fraise, il semblait que ce fût le chef de saint Jean en un plat. Peignés, diaprés et pulvérisés de poudres violettes et senteurs odoriférantes, ils aromatisaient les rues, places et maisons où ils fréquentaient.»* Henri III eut toujours entre deux et six favoris à la fois. Ce n'était pas une fonction de tout

PAGE DE DROITE: HENRI III À CHEVAL, PEINTURE DU XVIᵉ SIÈCLE. MUSÉE CONDÉ, CHANTILLY.

CI-DESSOUS: DUEL QU'AFFEC-TIONNAIENT LES MIGNONS D'HENRI III.

repos : certains tombaient en disgrâce, d'autres mouraient assassinés ou dans des duels, comme Maugiron et le beau Quélus, le plus aimé. Contrairement à ce que l'on pourrait croire, sa femme, Louise de Lorraine, une femme douce et effacée, compta beaucoup dans sa vie, mais ne lui donna pas d'héritier.

La paix de «Monsieur»

Henri III se révéla incapable de maîtriser la situation sur le plan religieux. Son frère, le duc d'Alençon devenu duc d'Anjou, chef reconnu des malcontents et des huguenots, qu'il retenait prisonnier dans le Louvre, réussit à s'enfuir le 15 septembre 1575. Une armée allemande, appelée en secours, menaçait Paris. Aussi le nouveau roi fut-il contraint de signer la «paix de Monsieur» à Beaulieu le 6 mai 1576 et d'accéder à toutes les exigences des protestants. Les victimes de la Saint-Barthélemy étaient réhabilitées, l'exercice du culte était autorisé *«par toutes les villes et lieux du royaume, pays d'obéissance et protection du roi, sans restriction de temps et de personnes»*, huit places fortes étaient accordées aux protestants et des chambres mi-partis instituées dans chaque parlement. Cette paix était véritablement une capitulation du gouvernement.

PAGE DE DROITE, DE HAUT EN BAS: DUEL DES MIGNONS EN 1578, PAR C. DETTI.

FÊTE À LA COUR D'HENRI III, PEINTURE DU XVIE SIÈCLE. MUSÉE DES BEAUX-ARTS, RENNES.

CI-CONTRE: HÉRAUT D'ARMES ET TÉMOINS DE DUEL, GRAVURE DU XVIE SIÈCLE. BIBLIOTHÈQUE NATIONALE, PARIS.

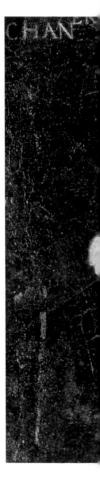

CI-DESSUS:
HENRI III
FONDANT L'ORDRE
DU SAINT-ESPRIT,
LE 31 DÉCEMBRE
1578, POUR
CONTREBALANCER
LE POUVOIR DE LA
LIGUE.
MUSÉE CONDÉ,
CHANTILLY.

HIVERNY.   M^R DO

CI-DESSUS:
PHILIPPE DE
CHEVERNY,
CONSEILLER
D'HENRI III, ET LE
MARQUIS D'O,
FAVORI DU ROI.
CHÂTEAU DE
BEAUREGARD.

CI-DESSUS:
UN BAL À LA COUR
D'HENRI III,
EN 1581,
EN L'HONNEUR DU
DUC DE JOYEUSE,
FAVORI DU ROI,
AVEC UNE
PRINCESSE DE
LORRAINE,

PEINTURE
DU XVIᵉ SIÈCLE.
MUSÉE DU
CHÂTEAU DE
VERSAILLES.

PAGE DE DROITE:
UN MIGNON DE LA
COUR D'HENRI III.

PAGE DE GAUCHE:
PORTRAIT DE
FRANÇOIS
D'ALENÇON, DONT
LA MORT OUVRIRA
À HENRI DE
NAVARRE L'ACCÈS
AU TRÔNE DE
FRANCE,
PEINTURE DE
L'ATELIER DE
FRANÇOIS CLOUET.
MUSÉE CONDÉ,
CHANTILLY.

CI-DESSUS:
LA COUR SOUS
HENRI III,
TAPISSERIE DU
XVIᵉ SIÈCLE.
MUSÉE DES
OFFICES,
FLORENCE.

La Sainte Ligue

PAGE DE GAUCHE:
PROCESSION
DE LA LIGUE.
MUSÉE DES
BEAUX-ARTS,
VALENCIENNES.

CI-DESSOUS:
LES TROIS FRÈRES
DE GUISE :
HENRI 1ᴱᴿ DE
LORRAINE,
TROISIÈME DUC
DE GUISE,
CHARLES,
DUC DE MAYENNE,
LOUIS II,
CARDINAL DE
LORRAINE,
PEINTURE
DU XVIᴱ SIÈCLE.
CHÂTEAU DE
BLOIS.

Les catholiques furent profondément choqués par cette paix et décidèrent, pour pallier à l'impuissance du pouvoir, de constituer un peu partout, en particulier dans le Nord et l'Est, des ligues, sortes de confréries armées. La ligue la plus importante, qui servit de modèle à toutes les autres fut celle de Picardie, animée par d'Humières. Ces ligues étaient associées à un mouvement unique, la Sainte Ligue, dominée par Henri, duc de Guise et le cardinal de Lorraine, et avaient pour but avoué de défendre la religion catholique contre les hérétiques. Cependant certains ligueurs conspiraient pour renverser Henri III au profit des Guise. Aussi le roi, pressant le danger, eut-il l'habileté de se déclarer chef de la Ligue et rappela aux Etats Généraux réunis à Blois qu'il ne tolérerait plus qu'une seule religion dans son royaume «*selon qu'il l'avait juré à son sacre*». Profitant des dissensions qui se faisaient chez les huguenots, la guerre reprit et fut marquée par quelques

succès catholiques. La paix de Bergerac fut signée en septembre 1577 et confirmée par le traité de Poitiers le 8 octobre 1577. Les libertés accordées aux protestants étaient réduites, mais les huit places de sûreté leur restaient acquises encore pour six ans.

Catherine de Médicis en 1577

La même année, l'ambassadeur de Venise, écrivait en parlant de Catherine de Médicis, qui avait alors cinquante-huit ans : «*Quoique fort âgée, elle conserve encore une certaine fraîcheur ; elle n'a*

presque aucune ride sur son visage qui est rond et plein ; elle a la lèvre inférieure pendante comme tous ses enfants. Elle garde toujours ses habits de deuil, et elle porte un voile noir qui lui tombe sur les épaules, mais ne descend pas sur le front... Les Français ne voulaient pas reconnaître d'abord son esprit, sa prudence ; mais, à présent, on la regarde comme quelque chose de surhumain. Dans les derniers troubles elle imposa toujours sa médiation... N'ayant désormais aucun motif pour irriter les partis, elle tâche de les apaiser, pour qu'on reconnaisse sa dextérité et sa prudence. Cette grande princesse a l'esprit aussi

CI-CONTRE:
PROCESSION DE
LA LIGUE EN
PLACE DE GRÈVE,
1590.
MUSÉE
CARNAVALET,
PARIS.

robuste que le corps. En s'habillant, en mangeant, je dirai presque en dormant, elle donne audience. Elle écoute toujours tout le monde d'un air gai. Femme libérale, magnanime et forte, elle a l'air de vouloir vivre encore de nombreuses années, ce qui serait à souhaiter pour le bien de la France et de toutes les nations chrétiennes.»

Ce portrait élogieux voulait ignorer l'impopularité croissante dont elle était l'objet depuis la Saint-Barthélemy. Des pamphlets d'une violence inouïe circulaient partout : on l'accusait de tous les vices et de tous les crimes, en particulier d'avoir utilisé le poison et les maléfices même contre ses proches ; on lui reprochait sa mauvaise foi, sa duplicité, son cynisme, sa soif de pouvoir inextinguible. Mais elle restait imperméable à tout et riait de ceux qui souhaitaient sa mort.

CI-DESSUS:
LA LIGUE DÉMASQUÉE, LE MANANT SE RÉCONCILIE AVEC LE MAHEUTRE, LE SOLDAT.

PAGE DE DROITE: CATHERINE DE MÉDICIS, PEINTURE DU XVIᵉ SIÈCLE. MUSÉE DU LOUVRE, PARIS.

CATHERINE DE MÉDICIS, MÉDAILLON DE GERMAIN PILON. BIBLIOTHÈQUE NATIONALE, PARIS.

Le dernier voyage

En 1578, accompagnée de sa fille Marguerite qui allait rejoindre son époux, elle entreprit un long voyage dans le Sud de la France. Infatigable, elle parcourut la Guyenne, le Languedoc, la Provence, le Dauphiné et la Navarre tentant de poursuivre sa politique de réconciliation et de pacification. Elle revint à Paris au bout de dix-huit mois d'absence. Son dernier fils, François d'Anjou, après s'être fait nommer duc de Brabant et roi d'Anvers, était devenu impopulaire auprès de ses propres sujets et était rentré en France. Très malade et atteint de tuberculose, sa santé déclina brusquement ; il se réfugia à Château-Thierry où il mourut le 10 juin 1584 à l'âge de trente ans. Ses funérailles furent grandioses ; le duc fut inhumé dans la nécropole royale de Saint-Denis, dans le somptueux mausolée que Catherine avait fait bâtir pour son époux et les siens, ainsi que pour leurs enfants décédés.

Le problème de la succession

Le souci principal de Catherine devint alors celui de la succession. Le couple royal n'avait toujours pas d'enfant et la santé du roi était bien fragile. En France, la loi salique écartait les femmes, si bien que la couronne reviendrait, en cas de disparition de la branche des Valois, à la branche aînée des Bourbons, c'est-à-dire à Henri de Navarre. Mais ce dernier était huguenot et le roi de France ne saurait être un hérétique. La Ligue ne pouvait accepter cette éventualité et désigna alors l'oncle du roi de Navarre, le cardinal Charles de Bourbon, frère cadet de son père, comme prétendant au trône. Ce fut à nouveau la guerre, dite des Trois Henri : Henri III était à la tête des royalistes, Henri de Navarre à la tête des protestants, Henri de Guise à

CI-CONTRE:
PORTRAIT DE
MARGUERITE
DE VALOIS,
PEINTURE
DU XVIᴱ SIÈCLE.
MUSÉE
CROZATIER,
LE PUY-EN-VELAIS.

CI-DESSOUS:
LORS DE L'UN DE
SES PÉRIPLES EN
FRANCE,
CATHERINE DE
MÉDICIS S'ARRÊTA
DANS CETTE
MAISON DE
PIBRAC QUI ÉTAIT
AUTREFOIS UN
RELAIS.

la tête de la Ligue. Le conflit se termina par le triomphe de la Ligue et Henri de Guise rentra à Paris en conquérant. Le 13 mai, après la journée des Barricades, menée par une population fanatisée, le roi dut s'enfuir de la capitale pour se réfugier à Chartres, tandis que la reine mère restait à Paris pour y maintenir l'Etat. Le 1er juillet elle réussit à faire signer au roi un pacte d'union qu'elle avait élaboré avec le duc de Guise : ce fut son dernier geste politique.

L'assassinat d'Henri de Guise

Les Etats généraux, dominés par la Ligue, se réunirent à Blois en octobre. Henri III, pour tenter de retrouver son autorité, décida de faire assassiner Henri de Guise et son frère Louis de Lorraine. L'exécution eut lieu le 23 et 24 décembre, sans que Catherine de Médicis, alitée des suites d'une congestion pulmonaire, ne fût au courant du projet de son fils, auquel elle se serait violemment opposée.

CI-CONTRE:
LE CARDINAL
LOUIS II
DE LORRAINE
BÉNISSANT LES
CONJURÉS QUI
VONT PARTICIPER
AU MASSACRE DE
LA SAINT-
BARTHÉLEMY.

PAGE DE DROITE:
HENRI IV SUR SON
CHEVAL BLANC.
CHÂTEAU DE PAU.

PAGE DE GAUCHE:
HENRI 1ᴱᴿ DE
GUISE,
PEINTURE
DU XVIᴱ SIÈCLE.
MUSÉE DU
LOUVRE,
PARIS.

CI-DESSUS:
LA RENCONTRE DU
DUC DE GUISE
ET DE HENRI III
AU PIED DE
L'ESCALIER
DE BLOIS,
PAR P.C. COMTES,
1855.

CI-DESSUS:
L'ASSASSINAT
DU DUC DE GUISE,
PAR PAUL
DELAROCHE,
1835.

123

Après le meurtre, il lui déclara : «*Vous serez heureuse de savoir que pour ma part, je ne me suis jamais senti mieux. Je suis enfin roi de France. Je viens de tuer M. de Guise. Dieu m'a conseillé et m'y a aidé, et je vais solennellement le remercier dans son église.*» Et il répéta : «*J'ai tué le roi de Paris et je suis enfin roi de France.* Catherine répondit : «*Dieu veuille qu'il en soit comme vous l'espérez et que vous ne soyez pas vous-même le roi de Rien.*»

PAGE DE DROITE:
PORTRAIT DU ROI
HENRI III.

CI-DESSOUS:
L'ASSASSINAT DU
DUC DE GUISE,
GRAVURE
DU XIXᵉ SIÈCLE.

henry. 3. ʃ.   roy
de france

La mort de la reine mère

Catherine de Médicis mourut quelques jours plus tard, le 5 janvier 1589, consciente d'avoir échoué dans son désir de réaliser l'unité religieuse de la France. Son fils, Henri III, fut assassiné le 1er août de la même année par un moine ligueur, Jacques Clément.

Les obsèques de la reine mère eurent lieu dans l'église Saint-Sauveur de Blois ; la guerre civile retarda son transfert à Saint-Denis et ce ne fut qu'en 1610

PAGE DE GAUCHE: TAPISSERIE REPRÉSENTANT CATHERINE DE MÉDICIS, AVEC HENRI DE NAVARRE ET MARGUERITE DE VALOIS.

CI-CONTRE: L'ASSASSINAT D'HENRI III PAR LE MOINE LIGUEUR JACQUES CLÉMENT.

CI-DESSUS: L'ASSASSINAT D'HENRI III PAR JACQUES CLÉMENT ET L'EXÉCUTION DU MEURTRIER, LE 1ᴱᴿ AOÛT 1589. BIBLIOTHÈQUE NATIONALE, PARIS.

qu'elle rejoignit son époux dans le tombeau d'apparat, orné de deux orants de bronze les représentant en costume de cour, chef-d'œuvre de Primatice et Germain Pilon. Protectrice des arts dans bien des domaines, Catherine de Médicis s'était particulièrement intéressée à l'architecture. Avec Philibert Delorme, l'architecte qu'elle préférait, elle avait embelli le Louvre d'une aile et d'une grande galerie, avait commencé le palais des Tuileries, s'était fait construire un superbe hôtel particulier, qui sera plus tard l'hôtel de Soissons. Près de Paris, elle fit élever les châteaux de Monceaux, de Chaillot et de Saint-Maur. Les jardins de Chenonceau furent redessinés selon ses plans ; le célèbre cabinet secret du château de Blois fut également exécuté selon ses directives. Elle aimait les livres et sa bibliothèque au Louvre contenait quelque cinq mille volumes, dont des manuscrits anciens, rares et précieux. Enfin elle possédait un grand nombre de tableaux, en particulier plus de trois cents portraits, dont la série de portraits enluminés sur des médaillons et des livres de dévotion exécutés par François Clouet, son peintre préféré.

PAGE DE DROITE:
LA CHAMBRE DE
CATHERINE
DE MÉDICIS
À BLOIS.
CHÂTEAU
DE BLOIS.

CI-CONTRE:
LES PLACARDS
SECRETS
DU CABINET DE
CATHERINE
DE MÉDICIS.
CHÂTEAU
DE BLOIS.

CI-DESSUS:
TAPISSERIE
REPRÉSENTANT
UNE FÊTE
DONNÉE EN
L'HONNEUR DES
AMBASSADEURS
POLONAIS
ORGANISÉE DANS
LE JARDIN DES
TUILERIES.

PAGE DE DROITE:
LES TROIS GRÂCES,
PAR
GERMAIN PILON.
MUSÉE DU
LOUVRE,
PARIS.

CI-DESSUS:
ESCALIER
FRANÇOIS 1ᴱᴿ
DANS LA COUR
D'HONNEUR.
CHÂTEAU
DE BLOIS.

PAGE DE DROITE,
DE HAUT EN BAS:
FAÇADE DES
LOGES,
1515-1524.
CHÂTEAU
DE BLOIS.

FAÇADE LOUIS XII,
COUR D'HONNEUR.
CHÂTEAU DE
BLOIS.

PAGE DE GAUCHE:
*PORTRAIT DE
CHARLES IX
ENFANT,*
PAR
FRANÇOIS CLOUET.
MUSÉE CONDÉ,
CHANTILLY.

CI-DESSUS:
*PORTRAIT DE
FRANÇOIS II
ENFANT,*
PAR
FRANÇOIS CLOUET.
BIBLIOTHÈQUE
NATIONALE,
PARIS.

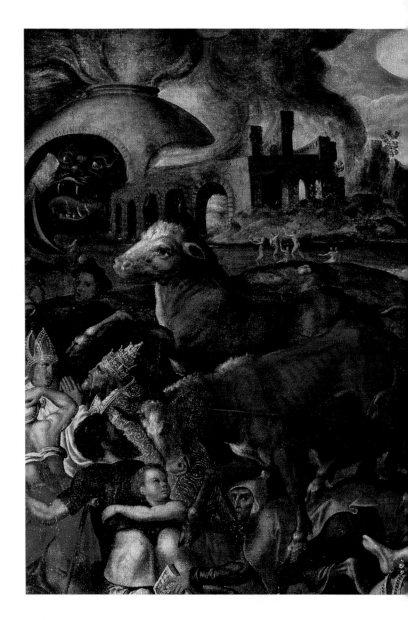

141

PAGES
PRÉCÉDENTES:
*LE TRIOMPHE
DE L'HIVER*,
PAR
ANTOINE CARON,
UN DES PEINTRES
IMPORTANTS DE
L'ÉPOQUE DE
CATHERINE
DE MÉDICIS.

CI-DESSUS:
PORTRAIT DE
HENRI IV À
DIX-NEUF ANS,
PAR
FRANÇOIS CLOUET.
BIBLIOTHÈQUE
NATIONALE,
PARIS.

PAGE SUIVANTE:
CATHERINE DE
MÉDICIS.

COMPOGRAVURE : MINERVE, CHÂTEL-CENSOIR
IMPRESSION, BROCHAGE : P.P.O., PANTIN